《編成と使用音域》

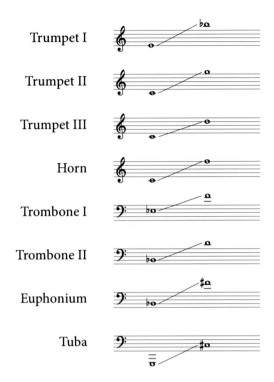

《楽曲について》

　アルビノーニはイタリアのバロック音楽作曲家。生前執筆した多くの曲はほとんどがオペラでしたが、器楽曲は現在でも有名な作品として親しまれています。

　この曲の魅力はなんといっても何百年に渡り時が経っても色あせないところ。その証拠にテレビや映画などでも頻繁に使用され、初めて聴く人にもスッと心に寄り添う音列は、切ない中にも力強い芯が感じられます。元々は弦楽とオルガンのために書かれましたが、管楽器で奏でるとより一層音に厚みが生まれ、強弱も幅広く表現しやすいでしょう。

《演奏アドバイス》

　この曲を演奏するにあたり、重要なポイントとして
・主旋律のフレーズの長さを考える
・主旋律に対する、副旋律のバランス
・曲全体の構成（山場の場所）を全員で統一する
このような点に配慮して演奏してみてください。

　暗い調性（短調）は和音を合わせるのが大変だと思われがちですが、音程をきっちり合わせにいくことよりも、短調の持つ雰囲気を一人ひとりが意識することができれば和音を合わせることは容易だと思いますので、イメージしてみましょう。

　前半にある低音パートのオクターブですが、演奏上困難であれば同じ音域で演奏してもらって構いません。演奏可能であれば後半部分もオクターブにしてみても良いでしょう。

　きっとこの曲だけに限らず、全体的に1つの音符に対する音の長さ・音の響き方を研究して演奏をすることは演奏する曲すべてに繋がると思いますので、実践してみてください。特に、アレンジ物を演奏する際は、CDや動画サイト等、原曲を実際に聴いてみると、イメージしやすく演奏もより濃いものになるでしょう。

(横川 創)

アダージョ
Adagio

トマゾ・アルビノーニ 作曲／横川 創 編曲

7

8

Trumpet III

アダージョ
Adagio

トマゾ・アルビノーニ 作曲／横川 創 編曲

カット不要！

5分で
5min 金管編 Brass
アンサンブルシリーズ

全日本アンサンブルコンテストのルールに沿って、5分以内で演奏できるようにアレンジを施し、だれでも気軽にアンサンブルに挑戦できる8人編成のピース楽譜です。各自でカットを考える手間を省きます！バランスよくいろいろな楽器が登場する初〜中級アレンジなので、アンサンブルコンテストに出場するメンバー以外でも気軽に楽しく演奏できます。各パートに出てくる音域がひと目で分かるガイド付き！自分たちのレベルや好みに合わせて選ぶことができます。

〈全曲 A4版／スコア譜／パート譜付き〉

グリーンスリーブス
Greensleeves
イギリス民謡／編曲：関向弥生
金管八重奏
Trumpet Ⅰ, Ⅱ ／ Horn Ⅰ, Ⅱ ／ Trombone Ⅰ, Ⅱ
Euphonium ／ Tuba
[価格] 1,800円＋税　ISBN 978-4-87312-394-3

メイプル・リーフ・ラグ
Maple Leaf Rag
作曲：スコット・ジョプリン／編曲：鹿野草平
金管八重奏
Trumpet Ⅰ, Ⅱ ／ Horn Ⅰ, Ⅱ ／ Trombone Ⅰ, Ⅱ
Euphonium ／ Tuba
[価格] 1,800円＋税　ISBN 978-4-87312-397-4

スケーターズ・ワルツ
Les Patineurs
作曲：エミール・ワルトトイフェル／編曲：石毛里佳
金管八重奏
Trumpet Ⅰ, Ⅱ, Ⅲ or Horn Ⅰ ／ Horn Ⅱ ／ Trombone Ⅰ, Ⅱ
Euphonium ／ Tuba
[価格] 2,200円＋税　ISBN 978-4-87312-395-0

トリッチ・トラッチ・ポルカ
Tritsch-Tratsch-Polka
作曲：ヨハン・シュトラウス／編曲：福田洋介
金管八重奏
Trumpet Ⅰ, Ⅱ, Ⅲ ／ Horn ／ Trombone Ⅰ, Ⅱ
Euphonium ／ Tuba
[価格] 2,000円＋税　ISBN 978-4-87312-396-7

ロメオとジュリエット 幻想序曲
Fantasy Overture Romeo And Juliet
作曲：ピョートル・イリイチ・チャイコフスキー／編曲：福田洋介
金管八重奏
Trumpet Ⅰ, Ⅱ, Ⅲ ／ Horn ／ Trombone Ⅰ, Ⅱ
Euphonium ／ Tuba
[価格] 2,000円＋税　ISBN 978-4-87312-398-1

アダージョ
Adagio
作曲：トマゾ・アルビノーニ／編曲：横川 創
金管八重奏
Trumpet Ⅰ, Ⅱ, Ⅲ ／ Horn ／ Trombone Ⅰ, Ⅱ
Euphonium ／ Tuba
[価格] 2,000円＋税　ISBN 978-4-87312-399-8

ALSO

お求めはお近くの楽器店、またはアルソオンラインへ
アルソ出版通信販売部　TEL:03-6908-1121　http://www.alsoj.net

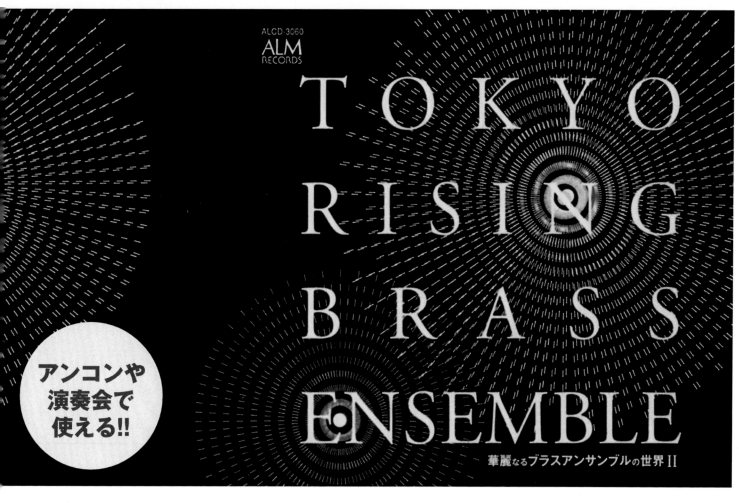

華麗なるブラスアンサンブルの世界
The World of Splendid Brass Ensemble
監修：藤井一男

vol.1
ポロネーズ「軍隊」ショパン
編成：Trp2, Hr2, Trb, BassTrb, Euph, Tuba
定価：¥2,000+税
仕様：A4判 スコア16p パート譜付
ISBN978-4-87312-037-9

vol.2
アヴェ・ヴェルム・コルプス モーツァルト
編成：Trp2, Hr, Trb, Euph, Tuba
定価：¥1,800+税
仕様：A4判 スコア12p パート譜付
ISBN978-4-87312-038-6

vol.3
戴冠式行進曲／歌劇「預言者」より マイアベーア
編成：Picc Trp, Trp2, Hr2, Trb, Euph, Tuba
定価：¥2,000+税
仕様：A4判 スコア20p パート譜付
ISBN978-4-87312-039-3

vol.4
コルドバ／「スペインの歌」より アルベニス
編成：Trp, Flugelhorn, Hr, Trb, Euph, Tuba
定価：¥2,000+税
仕様：A4判 スコア16p パート譜付
ISBN978-4-87312-040-9

vol.5
ルーマニア民族舞曲 バルトーク
編成：Trp2, Hr2, Trb2, Euph, Tuba
定価：¥2,400+税
仕様：A4判 スコア20p パート譜付
ISBN978-4-87312-083-6

vol.6
ピアノ曲集／「お菓子の世界」より
チョコバー／ウェハース（子守歌）／鬼あられ 湯山 昭
編成：Trp2, Hr, Trb, Euph, Tuba
定価：¥2,400+税
仕様：A4判 スコア16p パート譜付
ISBN978-4-87312-084-3

vol.7
荘厳序曲「1812年」チャイコフスキー
ハンガリー舞曲 第6番 ブラームス
雷鳴と電光 J. シュトラウス
編成：Trp2, Hr2, Trb2, Euph, Tuba
定価：¥5,600+税
仕様：A4判 スコア40p パート譜付
ISBN978-4-87312-085-0

vol.8
サウンド・オブ・ミュージック メドレー1
（サウンド・オブ・ミュージック〜ドレミの歌〜私のお気に入り）
R. ロジャース
ドイツ舞曲より 第1番、第6番 モーツァルト
編成：Trp2, Hr2, Trb2, Euph, Tuba（メドレー1）
　　　Trp2, Hr, Trb, Euph, Tuba（ドイツ舞曲）
定価：¥3,000+税
仕様：A4判 スコア20p パート譜付
ISBN978-4-87312-086-7

vol.9
サウンド・オブ・ミュージック メドレー2
（ひとりぼっちの羊飼い〜すべての山に登ろう）R. ロジャース
アラビアの踊り／ロシアの踊りトレパーク
「くるみ割り人形」より チャイコフスキー
編成：Trp2, Hr2, Trb2, Euph, Tuba
定価：¥3,600+税
仕様：A4判 スコア28p パート譜付
ISBN978-4-87312-087-4

ALSO Publishing co.,ltd

お求めはお近くの楽器店、またはアルソオンラインへ
アルソ出版通信販売部　TEL:03-6908-1121　http://www.alsoj.net

カット不要！5分でアンサンブルシリーズ ～金管編～

アダージョ

発行日：2016年9月20日　初版

発　行：アルソ出版株式会社
〒161-0033　東京都新宿区下落合 3-16-10-3F
Tel.03-5982-5420　Fax.03-5982-5458

編　曲：横川 創

楽譜浄書・デザイン・DTP制作：株式会社MCS

無断転載、複製、複写厳禁　Printed in Japan　　乱丁、落丁はお取りかえいたします。

ISBN978-4-87312-399-8　C0073　¥2000E